AF338530

FÊTE PATRONALE DE SAINT-REMI
(18 Janvier 1874).

LA FRANCE & LES SAINTS

DISCOURS

PRONONCÉ EN LA BASILIQUE DE SAINT-REMI

Par M. l'abbé Th. TRIHIDEZ,

PRIX : 60 CENTIMES

SE VEND AU PROFIT DES PAUVRES DE SAINT-REMI-SAINT-MAURICE,
SECOURUS PAR LA SOCIÉTÉ DE SAINT-VINCENT-DE-PAUL.

IMPRIMERIE COOPÉRATIVE DE REIMS, RUE PLUCHE, 24
A. PROUILLET, Directeur.

1874

LA FRANCE ET LES SAINTS

Filii sanctorum sumus.
Nous sommes les enfants des saints.

> Ces paroles sont de Tobie à son fils.
> II. XVIII.

MES FRÈRES (1),

La gloire a sur l'homme un ascendant irrésistible. Nous sommes étrangement avides de tout ce qui peut jeter sur nous quelques-uns de ses rayons fascinateurs. Catholiques et Français, soit que Dieu nous ait traités à son endroit en enfants de prédilection ; soit que notre âme subisse encore le joug de cet effroyable orgueil qui poussait le premier homme jusqu'à jeter à la face de son Créateur, ce mot audacieux : « Je m'élèverai jusqu'à toi, »

Ce nom, brillant jouet de la postérité (2),
....
Ce grand nom, inventé par le délire humain,

comme dit le poète, retentira toujours à nos oreilles

(1) Monseigneur, retenu par la maladie, avait délégué M. l'Abbé Juillet, son premier Vicaire-général.
(2) *Le Poète mourant*, Lamartine.

avec une magique puissance, et toujours il sera, pour un peuple tel que nous sommes, un élément indispensable de vie, un gage infaillible de résurrection.

Mais est-ce bien devant vous qu'il faut rappeler ces choses ? Un jour, sur notre sol,

Les dieux étaient tombés, les trônes étaient vides (1).

Dieu suscita un homme. Il ne lui mit au cœur qu'un insatiable orgueil, à la main une épée ; et bientôt, l'on vit tout un peuple, à la suite de ce nouvel Alexandre, marcher de victoire en victoire, du Tage au Volga, de l'Elbe à l'Euphrate.

Un jour encore, Dieu voulut montrer à ce siècle ce que peut la parole humaine lorsqu'elle s'inspire aux sources divines de la Foi. Il tira des rangs de la magistrature un jeune homme de vingt-cinq ans (2). Il en fit un prêtre ; plus que cela, un moine ; et pendant vingt ans, il y eut comme un réveil de la Foi sous l'influence de cette voix qui savait si bien faire vibrer dans les cœurs les mots sacrés de gloire et de religion, de christianisme et de patrie. Et pendant vingt ans, la France tout entière palpita sous les échos de cet accent patriotique et sacerdotal ; et l'on put assister à cet émouvant et magnifique spectacle, de jeunes hommes, incrédules hier encore, renonçant aux carrières les plus brillantes et les plus enviées ; d'avocats quittant la toge ; de médecins renonçant à leur art, pour embrasser un dévouement plus total ; de soldats déposant leur épée, pour entrer dans le

(1) *Bonaparte*, Lamartine.
(2) Lacordaire.

sanctuaire, et prendre le vêtement de la pauvreté, de la chasteté, de l'obéissance.

Mais si, comme enfants d'une cité, comme citoyens d'une grande nation, nous sommes à ce point attachés à nos gloires, de tout quitter pour veiller à leur sauvegarde et à leur intégrité ; de nous lever comme un seul homme quand une main sacrilége ose attenter à notre honneur ou à notre liberté, est-ce à dire que nous soyons absolument désintéressés de cette gloire plus intime qui s'élève du sein de la famille pour rejaillir sur les membres d'un même foyer ? Parmi toutes ces ambitions qui nous traînent captifs à leur suite, n'en est-il pas une qui a le don de nous subjuguer entre toutes ?

Mes Frères, s'il est, parmi vous, un homme qui ait reçu des siens le fardeau d'un grand nom, je le prie de me répondre, et de me dire si en un jour de sa vie, il n'a pas ressenti au plus profond de son âme un tressaillement d'enthousiasme en songeant au patrimoine d'honneur qui lui était échu ?

Oui, nous sommes justement fiers de nos aïeux, et en ce temps d'égalité et de nivellement social où nous vivons, l'illustration du sang a encore sur chacun de nous un souverain prestige. Cela est écrit si fort avant dans la conscience humaine, que vous êtes désillusionnés, désenchantés, si, en présence de l'héritier d'un nom fameux, vous ne découvrez ce cachet de distinction et de noblesse, cette fierté contenue, ce quelque chose d'extraordinaire, ce je ne sais quoi, en un mot, qui est le privilége des grandes races.

Non, il ne sera jamais indifférent parmi nous d'être le descendant d'un croisé ou le fils d'un malhonnête homme. Il sera toujours grand de compter parmi ses aïeux un preux qui a combattu aux côtés d'un Godefroy de Bouillon ou d'un saint Louis aux journées d'Ascalon ou de la Massoure. Toujours il sera glorieux de compter parmi ses pères, un homme à qui un roi de France a dit, dans l'enivrement de la victoire : « *Tu prendras sur l'écusson royal une fleur de lys, et tu la multiplieras sur ton blason pour l'honneur de tes neveux.* »

Nous sommes ainsi faits.

Vous rencontrez quelque part un enfant, quoi de plus indifférent ? Quoi de moins digne d'attention ? Mais cet enfant est un orphelin dont le père a versé son sang sur quelque champ de bataille de nos jours. Mes Frères, je vous le demande, quelle couronne est descendue sur sa tête, quelle auréole brille sur son front, quelle majesté l'enveloppe et le protége ! Ce n'est plus un simple enfant, c'est une créature de Dieu dont le cœur est agité des plus généreux sentiments, et dont la grande pensée, l'idée dominante doit être « noblesse oblige. »

C'est cette pensée qui inspirait Tobie lorsqu'il disait à son fils : « Nous sommes les enfants des saints. »

Cette parole, je viens vous la répéter. Oui, nous sommes les enfants des saints. *Filii sanctorum sumus.* Tous, nous avons cette gloire incommensurable de compter dans la grande famille chrétienne et française d'illustres aïeux, qui, pour avoir vaillamment combattu les combats de la vie sous les ordres de Notre-Seigneur Jésus-Christ, ont été ennoblis du titre de saints par l'Église, dépositaire infaillible des vérités divines, et appelés à l'honneur de vivre à la cour céleste, côte à côte avec le Roi des Rois, le Dieu Tout-Puissant.

C'est cette illustration, trop oubliée de nos jours, que je viens raviver à vos souvenirs, pour vous rappeler aussi ce à quoi elle vous oblige. C'est cette gloire que nous tenons de nos ancêtres les *Saints*, que je veux essayer de retracer devant vous. Et, puisque notre grand bienfaiteur, le pontife Rémi, dont l'Église célèbre aujourd'hui la fête, appartient, lui aussi, à cette milice sacrée, nous verrons, dans une seconde partie de ce discours, ce que nous devons à ce saint, qui n'est pas le moindre d'entre tous.

Ainsi, Mes Frères, se trouvera payé, autant du moins que vous pouvez l'espérer de ma faiblesse, le tribut de respect et d'honneur que nous devons à ces héros de la vie chrétienne.

Puisse l'efficace intercession de ces grands serviteurs de Dieu, nous rendre bientôt le vénéré Pontife dont la présence nous manque aujourd'hui, et qui eût été, avec tant de bonheur pour tous, l'âme visible de cette imposante assemblée. Oui, cette fête eût été pour lui une source de grande joie, d'infinie consolation. Mais si la souffrance le retient encore pour quelque temps éloigné de nous, du moins, soyez en sûrs, Mes Frères, à cette heure, en ce moment où je vous parle, son cœur est tourné vers saint Remi, et c'est en son propre nom que je viens vous dire que sa main consacrée, sa main défaillante se lève et s'étend pour nous bénir.

Inclinons-nous avec respect sous cette bénédiction de l'auguste malade, et demandons à Dieu, par celle qu'on n'a jamais invoquée en vain, supplions-le de rendre bientôt à l'Eglise de Reims son éloquent pasteur, à la famille son père bien-aimé. *Ave Maria.*

I.

On a dit que « les hommes se touchent en Dieu d'un bout du monde à l'autre (1). » C'est là une vérité incontestable, si l'on se contente de jeter sur le genre humain un coup-d'œil rapide et d'ensemble.

Il n'en est pas moins vrai que, pour l'observateur plus attentif, un grand fait historique divise l'humanité en deux parts, trouve en elle deux âges bien distincts : L'un, où le Dieu du Calvaire n'est pas connu : âge de colère, de ténèbres, de servilisme. L'autre : d'amour, de charité, de justice, de civilisation, de liberté : c'est l'âge où l'on adore le Dieu qui a créé, le Fils qui a sauvé, l'Esprit qui sanctifie les âmes.

Pour parler le langage d'un de nos plus ardents adversaires, « l'histoire humaine est séparée par cette grande ligne intellectuelle et morale en tête de laquelle brille le nom de Jésus (2). » En un mot, l'évènement capital de l'histoire, est la révolution

(1) Fénelon.
(2) Renan, V. de J. p. 447.

par laquelle les plus nobles portions de l'humanité ont passé des anciennes religions comprises sous le nom de paganisme à la religion chrétienne. Oui, le plus grand jour de tous les siècles sera à jamais celui où Jésus-Christ, après avoir annoncé aux pauvres d'Israël la *bonne nouvelle*, prêché la loi de paix et d'amour, prouvé sa mission par sa vie, sa mort et ses prodiges, remettait ses pouvoirs à douze pêcheurs, hommes de rien, et leur disait : Allez, et enseignez par toute la terre. » Ce fut le jour où le christianisme, en la personne de Pierre, venait, pieds nus, un bâton de pèlerin à la main, prendre possession de Rome au nom de son maître crucifié.

Entendez quelles étonnantes paroles retentissent en ce jour aux oreilles du peuple-roi ! Là où ses génies les plus vénérés avaient dit : « *Bienheureux les forts, bienheureux ceux qui jouissent, bienheureuse la vengeance satisfaite, bienheureux César,* » des voix nouvelles confiaient à tous les échos ces mots : « *Bienheureux les petits, bienheureux les chastes, bienheureux les persécutés, bienheureux les malheureux.* »

Et le croiriez-vous ? C'est là le signal qui va renouveler le monde. A dater de ce jour, le suprême bonheur, qui avait consisté dans l'assouvissement des appétits violents, ne se recherche plus que dans la lutte à outrance contre les penchants naturels ; et l'homme, qui s'estimait volontiers le roi de la Création, comprend qu'il n'est qu'une ruine, qu'un débris glorieux. Une loi nouvelle régit toutes choses, même les plaisirs ; et aux grandes fêtes nationales, ce n'est plus un gladiateur, tombant en victime pour César, et fixant la terre d'un œil éteint, qui rougira de son sang l'arène du Colysée, mais un *homme nouveau*, un vieillard, un enfant, une jeune fille, ce qu'il y a de plus frèle, *infirma mundi* (1), enfin un chrétien, qui marchera en triomphateur au-devant des bêtes prêtes à le dévorer, les yeux tournés vers le ciel, et chantant la gloire de son Dieu! Ah! je le sais bien, il faudra trois siècles à ce sang généreux pour étouffer les tyrans romains et leurs légions ; mais au bout de ce temps l'esprit nouveau est entré dans le cœur humain pour passer dans l'état social (2) ; et, de même que chaque peuple a eu ses martyrs, chacun aussi va se faire gloire de compter ses saints.

Avez-vous vu quelquefois le soir, du bord de la mer, ces phares aux lumières brillantes et variées, destinés à guider les vaisseaux à leur entrée dans le port où ils viennent chercher le salut? Tels m'apparaissent les saints dans la grande marche des siècles à travers la voie chrétienne. Je les vois exprimant, reproduisant par leur vie tel acte, telle vertu, telle puissance de l'éternel idéal de la sainteté, Jésus-Christ, et servant par là de types et de modèles au siècle qui les a vus naître, pour embaumer encore du parfum de leurs vertus et de leurs exemples les âges suivants. Aussi, Mes Frères, s'il est vrai qu'il a fallu quelquefois plus d'un siècle d'efforts et de prières pour enfanter un grand saint, c'est une indéniable vérité que ce saint réflète toujours en sa vie, comme

(1) Cor. 1, ch. I.
(2) Guizot. *L'Église et la société chrétienne.*

en un miroir, les traits essentiels, les grandes lignes de ce qu'on pourra appeler les marques de vocation de sa patrie, les signes certains de sa mission. Et c'est en ce sens que je vous disais tout à l'heure la parole de Tobie : « Nous sommes les enfants des saints. »

Jetez un regard sur l'Europe catholique. Dans notre patrie seulement, les saints forment comme une légion sacrée et aux rangs pressés. Et si vous demandez à ces magnanimes soldats de Dieu quelle est la devise inscrite sur cette bannière qu'ils portent haute et fière à tous les vents, les deux âmes immortelles de saint Louis et de Vincent de Paul se dressent pour vous répondre : « Honneur et justice, amour et charité. » De vrai, Mes Frères, la main sur la conscience, et tout orgueil national à part, découvrez-vous sur toute la terre une nation qui porte plus glorieusement que la nôtre ce diadème d'honneur et de charité ? Découvrez-vous sur toute la terre un peuple qui, plus que celui dont nous sommes les enfants, ait mérité ce titre sacré de *justicier de Dieu,* de *fils aîné de l'Eglise,* de l'Eglise qui est amour, qui est tendresse, qui est dévouement, de l'Eglise qui est mère ? Faut-il vous rappeler tous les traits d'honneur et de dévouement chrétien de ces deux existences, qui semblent être l'épanouissement de tous les efforts de la Foi, et résumer dans une majestueuse harmonie toute la vertu, toute la sainteté des siècles passés et à venir, comme pour les fixer à tout jamais parmi nous ? Ah ! c'est bien du trône occupé par saint Louis que rayonne cette justice qu'un payen saluait mère de toutes les vertus (1). Faut-il vous montrer ce pieux roi composant avec saint Thomas d'Aquin un Traité sur les devoirs des princes, *de regimine principum*, ou rédigeant pour son peuple bien-aimé cet admirable code de lois et de coutumes connu sous le nom d'*Etablissements*, et que notre dix-neuvième siècle ne regretterait pas sans raison ? Faut-il vous le montrer, recueillant déjà sur cette terre la gloire promise par Dieu à tous les justes, et brillant comme un soleil de justice parmi les princes de son temps, « *Fulgebunt sicut sol ?* » Sa renommée de sainteté et de justice passe bientôt les frontières du royaume ; et en ce temps de violences et d'iniquité, où les forts osaient tout contre les faibles, il est invoqué comme arbitre par les comtes de Toulouse et de Provence, par le duc de Bretagne et le roi de Navarre ; par les princes les plus puissants de la terre : le Pape et l'empereur Frédéric, le roi d'Angleterre et ses barons, comme aussi par le plus humble de ses sujets sous le fameux chêne de Vincennes. Faut-il vous le montrer restituant aux Anglais une province qu'il estime injustement conquise par Philippe-Auguste, et donnant ainsi, à huit siècles de distance, une leçon d'honnêteté à ceux que par une étrange aberration du sens commun, on appelle les grands politiques de nos jours ? Faut-il, enfin, relire devant vous ce testament, type éternel de ce qu'il y a de plus délicat dans l'honneur, dont

---

(1) *Justitia in quà splendor ut maximus ex quà boni viri nominantur.* Cic. *de officiis.*

M. de Châteaubriant a pu dire « qu'un Français ne devrait jamais l'entendre sans verser des pleurs. » Mais, c'en est assez de ces traits, et vous n'avez point oublié que, captif et mourant sur le sol africain, il sait être si chevaleresque, si chrétien dans toute sa conduite, que les Sarrasins, vaincus par tant de grandeur, songent sérieusement à le proclamer leur roi.

Je prononçais à l'instant le nom de Vincent de Paul. Que vous dire, Mes Frères, de ce grand Apôtre de la charité, de cette « science qui consiste à réunir les hommes (1) », sinon qu'il organisa le dévouement chrétien dans les temps modernes, comme saint Louis avait jeté la justice et l'honneur au fond de tous les cœurs français ? Je ne viens pas dire ici que l'amour fraternel et la charité fussent ignorés dans l'Église avant l'apparition de notre Saint. Ah ! je n'oublie pas le cri d'étonnement qui s'éleva un jour du sein des sociétés païennes à la vue des premiers chrétiens : « Voyez, comme ils s'aiment. » Je n'oublie pas que l'Église, par la bouche de saint Laurent, salue dans les pauvres son unique trésor. « *Hi sunt thesauri, Ecclesiæ.* » Je sais bien que dès le viie siècle, saint Landry fondait dans la capitale de France une Maison-Dieu pour les pauvres malades; et que, dès ces temps reculés, le barbare musulman échange ses captifs contre l'or que lui versent nos saints. Mais trouvez donc, ailleurs que sur ce sol sacré que nous foulons aux pieds, un homme qui se soit avancé aussi loin

(1) Le Père Gratry. Ses derniers jours, par le P. Ad. Perraud.

dans l'amour de ses frères ? Les malades qu'il sou-
lage, les affamés qu'il rassasie, les vieillards qu'il
recueille et qu'il abrite, les enfants qu'il sauve, les
captifs qu'il rachète, les forçats qu'il délivre sont en
si grand nombre, qu'il est appelé, de son vivant, d'un
nom inusité avant lui, du nom de grand *Aumônier*
de France, et que Louis XIII pourrait lui adresser en
toute réalité le reproche que Julien, l'empereur apostat,
faisait aux chrétiens de son temps « de nourrir tous
ses pauvres (1). »

Mais j'aime mieux, avec le prophète Salomon,
laisser à ses œuvres le soin de louer cet immortel
bienfaiteur de l'humanité, « *Laudent eum opera
ejus*, » et je vous laisse vous incliner de respect et
de vénération devant cette Providence vivante, en
présence de laquelle l'admiration demeure muette, la
louange se désespère ; devant la Fille de la Charité, ce
dévouement incarné, que le pauvre trouve toujours à
son chevet dans sa mansarde ; le soldat, à son dernier
soupir sur le champ de bataille.

C'est avec de tels hommes, Mes Frères, qu'un peuple
marche à l'avant-garde de la civilisation, devient la
tête de colonne du réel progrès, s'il demeure fidèle à
sa mission.

Oui, c'est parce que dans notre patrie a germé
la race des Vincent de Paul et des saint Louis, que
nous sommes, qu'on le veuille ou non, les représen-
tants, les défenseurs-nés de la justice et du dévoue-

---

(1) Julian, XLXIX.

ment. C'est parce que nous avons dans notre histoire un Vincent de Paul et un saint Louis que la justice et la charité sont encore ce qu'il y a parmi nous de plus incorruptible et de plus respecté. C'est parce que Dieu nous a donné comme modèles d'honneur et de dévouement un saint Louis et un Vincent de Paul que notre nation est devenue la suprême ressource, la consolation dernière de tout ce qui souffre ou est opprimé sur la terre. Parcourez votre histoire! Quelle immense somme de gloire recueillie par nos pères sans autre profit que la défense de la justice ou la libre pratique du bien !... Et, si tu te prends à pleurer au souvenir de ces deux enfants bien-aimés arrachés à ton sein maternel, ô France! ces larmes te sont arrachées par le spectacle de la plus sanglante iniquité dont les siècles aient été témoins. Et si je te vois à cette heure, frémissante et indignée ; si tu ressens en ton âme une si atroce douleur d'être forcément silencieuse et désarmée en face de ce crime inouï, c'est encore parce que les nobles sentiments de justice et de dévouement, d'honneur et de charité règnent en vainqueurs dans ta grande âme. Oui, dussent ces saintes choses être bannies du reste de la terre, c'est en ton cœur, comme en un sanctuaire inviolable, qu'ils iront chercher leur dernier refuge. Il y a eu un jour la foi britannique (1), comme il y avait eu dans les temps anciens la foi punique ; et, si l'histoire se prépare à flétrir la foi de ce peuple qui se vantait hier hypo-

(1) Lettre de Napoléon Ier au gouvernement Anglais, datée du *Bellérophon*, 14 Août 1815.

critement de « n'apporter le guerre qu'aux hommes d'armes, » ah! sois fière dans ton malheur; elle saluera dans ton honneur, dans ta foi, un honneur, une foi vierges de mensonge; l'honneur, la foi de saint Louis; l'honneur, la foi du Christ. Courage donc, mère bien-aimée, rien n'est perdu, puisque l'honneur est sauf. De grâce, rappelle-toi le passé, reviens à tes saints, et ils te ramèneront cette « souveraineté dont parle Bossuet, la puissance de faire le bien dans le monde. »

Quand Rome, au milieu de ses conquêtes, recevait tout à coup de désespérantes nouvelles, et se prenait à douter de son destin; alors, si le sénat se troublait, si ses vieillards restaient muets sur leurs chaises curales, si les magistrats éperdus ne savaient plus sauver la République, on faisait apporter dans la curie les livres de la Sibylle, et Rome se rassurait en y lisant l'oracle qui lui donnait l'empire du monde. Ainsi, élève vers le Ciel ton cœur et tes regards, « *ascende superius,* » ô mère, tu y découvriras la sainte milice de tes enfants, et, à leur tête, le « *Christ qui aime les Francs,* » appuyé sur la croix, te rappellera qu'elle a vaincu le monde.

II

Ce n'est pas un mince honneur pour nos pères d'avoir été constitués par la Providence les ministres de sa justice et de sa charité. Dieu rêvait pour sa chère peuplade franque une mission plus complète, une gloire plus entière. Il la voulait voir au milieu du monde régénéré, comme une autre tribu de Juda, *gardienne de la Foi*. Or, Mes Frères, vous savez par quel coup de magie Dieu nous attribua cet honneur. Tous, vous connaissez le récit de cette fameuse bataille de Tolbiac, durant laquelle, enveloppés de toutes parts d'innombrables multitudes d'Allemands, écrasés par des masses profondes sans cesse abattues, sans cesse renouvelées, et paraissant renaître de la poussière et du sang, Clovis et ses Francs, qui n'avaient jamais redouté que la chute du Ciel, pour la première fois de leur vie se troublèrent sur un champ de bataille. En vain le farouche guerrier invoquait-il ses dieux ; en vain leur promettait-il des autels et des sacrifices, le flot impitoyable de la Germanie montait, montait toujours. Une heure encore, nos pères sont enveloppés, et tout est perdu dans cette lutte à mort d'un contre vingt. Ému tout à coup à la vue de ses vieux compagnons étendus à ses côtés, Clovis se souvient du Dieu tout-puissant dont sa pieuse Clotilde lui a souvent parlé. « *Dieu de Clotilde*, s'écrie-t-il, *je crois en toi si tu me donnes la victoire!* »

Vous savez le reste. A quelque temps de là, dans nos murs, sur cette terre même de Reims, le roi des Francs, vainqueur, agenouillé aux pieds du Pontife Remi, entendait du ministre de Dieu ces paroles : « *Courbe la tête, fier Sicambre, adore ce que tu as brûlé, brûle ce que tu as adoré* (1). » Et ce peuple barbare, qui hier encore ne croyait qu'en sa framée

____

(1) Grég. *Tur.*, l. II.

et en son courage, déclare tout d'une voix « qu'il sera toujours prêt à tirer le glaive et à verser son sang pour le Christ et l'Évangile. » C'est ainsi qu'un grand évêque (1) a pu dire admirablement que « *le Christianisme en France naquit d'une victoire et d'une prière.* »

Et n'oubliez pas, Mes Frères, je vous prie, que ce grand jour du baptême de la France nous apparaît encore comme l'œuvre de deux saints dont l'histoire nous est familière : sainte Clotilde et saint Remi. Et n'ayez nulle surprise que le Pape Anastase envoie complimenter Clovis après son baptême, c'est qu'il devine que ce petit peuple pèsera lourd dans le monde.

Interrogez pendant dix siècles ces innombrables vaincus de l'Europe, qui, au lendemain de la défaite, passent à l'Évangile : les Ariens, les Wisigoths, les Saxons, les Hongrois, les Normands, ils vous répondront avec le grand tragique anglais « qu'ils ont été battus par le *soldat de Dieu*, par ces Francs de Clovis, de Charles Martel, de Pépin et de Charlemagne, qui, entre deux prières, savent si bien guerroyer pour l'héritage du Christ. Et quand au xie siècle des millions de *chevaliers* se précipitent sur la Palestine, regardez : la croix brille sur leur étendard et sur leurs cuirasses. Ils marchent au chant des psaumes, et leur cri de ralliement, le voici : *Dieu le veut*.

Ah ! je n'ignore pas qu'avec saint Louis l'épée de la France cesse de frapper. C'est qu'elle a accompli

(1) Monseigneur Freppel, évêque d'Angers.

son œuvre. Dès lors, les âmes semblent se recueillir dans une action de grâce qui va durer des siècles. C'est par la prière qu'elle combat désormais. Les cloîtres vont couvrir son sol, comme autrefois les camps. Dieu est dans la place. La France est chrétienne à tout jamais. Oui, Mes Frères, la France est chrétienne. La foi est dans ses mœurs comme dans ses lois. Le nom trois fois sacré de la Sainte Trinité est en tête de ses *capitulaires;* et la plume qui racontera l'histoire de ce peuple la résumera avec amour par ces mots : « *Les gestes de Dieu par les Francs, Gesta Dei per Francos,* » et nos monnaies, messagères de notre reconnaissance, iront proclamer à tous les peuples de la terre que « Dieu protége la France. » Oui, la France est devenue le peuple gardien de la Foi, le peuple champion de la vérité, comme de la justice et de la charité; et Henri IV ne touchera au trône de saint Louis qu'après avoir été s'agenouiller sur la dalle de la basilique de Saint-Denis, devant le Dieu de Clovis. Et quand, plus tard, un grand conquérant, jetant sur ses épaules la pourpre impériale, voudra donner à sa patrie une dynastie nouvelle, il se rendra sous les voûtes de Notre-Dame, et là, entouré de ses guerriers, il dira au Vicaire de Jésus-Christ : « Ton Dieu est mon Dieu, ta foi est ma foi. »

La Foi, Mes Frères, elle est dans chacun des battements de vos cœurs, je vous en prends tous ici à témoin; et quand un jour, un moine à la parole ardente, rêvant au rôle de Luther, tentera, au sortir de la plus illustre chaire du monde catholique, de vous entraîner vers d'autres Dieux, vous passerez, en murmurant pour ce pauvre frère égaré la prière qui apporte la lumière et le pardon.

La Foi, elle est à votre naissance, à votre jeunesse, à votre mort. C'est elle qui consacre les plus solennelles actions de votre vie. Je la vois au chevet de votre lit, dans vos écoles, dans vos prétoires; et hier encore, dans un procès qui demeurera historique, un soldat accusé pouvait invoquer le Christ crucifié dont il avait sous les yeux la divine image.

Je la vois marcher côte à côte avec le soldat sous le feu de l'ennemi, je la vois au milieu de l'océan partageant les périls du matelot et recueillant sa dernière pensée; et si, traversant les mers les plus lointaines, vous parcourez la Chine, l'Asie, l'Afrique ou l'Amérique, vous rencontrez encore un enfant de la France, venu là pour y *propager* la foi au prix de ses sueurs, et, s'il le faut, du plus pur de son sang.

Un jour, c'était le jour de Noël de l'an 496, l'antique et puissante cité de Reims (1), comme parle saint Jérôme, fut témoin d'un magnifique spectacle. Toutes es rues étaient pavoisées de tentures et d'oriflammes aux couleurs royales. De toutes parts, l'appareil de la plus splendide fête qui se puisse donner sur la terre. Ici (2), tout un peuple dans l'enivrement de la gloire et de l'enthousiasme. Partout des chants, partout l'éclat des cierges, partout des nuages de parfums et d'encens. Saint Remi, tenant par la main le brillant chef

---

(1) *Urbs Remorum præpotens.* Hieron., ép. ad Ager.
(2) La plupart des auteurs affirment que la cérémonie du baptême de Clovis se fit dans l'église cathédrale d'alors,

des Francs, s'avançait vers le baptistère de la Basilique.

Frappé de tant de magnificence, le nouveau Constantin s'arrêta, et saisissant le bras de l'Evêque : « O Maître, s'écria-t-il, n'est-ce pas là le Royaume Céleste que tu m'as promis ? » — « Non, répondit l'auguste vieillard, mais c'est le chemin qui y mène. » Quelques instants après, on vit un homme sortir de la piscine sacrée, et derrière lui, trois mille guerriers, régénérés comme lui dans l'onde baptismale, s'écriaient de leur mâle poitrine : « Nous rejetons les dieux mortels, et sommes prêts à servir le Dieu de Remi (1).

Laissez-moi m'arrêter à ce souvenir, et permettez-moi d'y puiser une espérance. C'est aussi une fête solennelle que celle qui nous rassemble ; et si je ne puis m'empêcher de croire que la reconnaissance a guidé vos pas vers ce temple, pour y honorer Celui qui fut pour nous le principe de tant de grandeur dans le passé, ah ! laissez-moi aussi saluer en ce jour l'aurore d'une vie nouvelle.

Dans quelques minutes, vous allez faire une garde d'honneur aux reliques de l'apôtre de la France passant à travers son peuple bien-aimé. Émus, vous aussi comme le grand Roi franc, de cette imposante cérémonie, par ces chants sacrés, par cette pompe éclatante, destinée à honorer le Très-Haut dans ses Saints, vous serez tentés de vous écrier : « En vérité, n'est-ce pas là le Royaume Céleste qui nous a été promis, » et, comme autrefois, le Pontife vous répon-

____

(1) *Chronique de saint Denis,* l. ii.

dra : « Non, c'est le chemin qui y mène. »

Oui, Mes Frères, c'est ici le chemin qui y mène. C'est ici la maison de Dieu, où l'on fait école de justice et de charité. C'est ici qu'on vient adorer Dieu et puiser l'amour grandissant de ses frères. C'est ici qu'on apprend que tout passe, sinon l'honneur chrétien et la vérité. C'est ici qu'on enseigne la reconnaissance, et qu'on vient honorer les Saints pour apprendre à les imiter. Venez-y souvent. Venez-y puiser la force dans la foi qui a soutenu le cœur de nos pères, et dans l'espérance qui les a sauvés. Ne demandez pas à tous les échos, ne demandez pas aux faux prophètes quel sera l'avenir. L'avenir, il sera ce que nous serons.

A l'heure où la tempête bat le navire et le secoue de ses flots furieux, les efforts des plus faibles sont utiles dans la manœuvre. Ainsi, Mes Frères, que chacun de nous apporte le concours de ses efforts pour lutter contre l'orage qui gronde et qui menace, et que pas un ne reste en arrière dans ce grand travail du sauvetage de la patrie. Personne, sachez-le, n'a le droit de se désintéresser dans cette cause capitale et sainte, sous prétexte qu'il est trop peu de chose. « *Qua est anima mea in tam immensà creaturà ?* (1)» A l'œuvre par la prière, à l'œuvre par l'effort dans la voie divine de la justice, de la charité et du vrai ; à l'œuvre, en un mot, dans la guerre à outrance contre le péché, puisque, dans la vie des nations comme dans celle des individus, le péché est un obstacle aux miséricordes de Jésus-Christ. *Peccatum facit populos miseros.* Oui, encore une fois à l'œuvre. Puri-

(1) Prov., xiv, 34.

ficz vos cœurs de l'empreinte des faux dieux, c'est-à-dire des plaisirs, de l'ambition, de l'amour de l'or. Qu'aucun de vous ne sorte de cette vieille Basilique, témoin et berceau de tant de gloire, sans avoir fait au Père Tout-Puissant et Miséricordieux, au Dieu des armées, la solennelle promesse de faire un sérieux retour sur soi-même ; et, pour combattre un découragement qu'inspireraient seules l'ignorance ou l'ingratitude, réfugions-nous dans le souvenir de ses antiques bontés, et que de nos cœurs s'échappe une commune prière, un cri unanime de confiance et d'espoir : « Mon Dieu, abaissez sur votre pauvre peuple un regard de pitié. Cessez de le frapper. Il vous demande pardon. Oui, mon Dieu, pardon. Nous avions péché, n'avons-nous pas expié ? Ah ! que nous avons souffert ! Nous avons eu, nous aussi, notre Calvaire. Nous avons assisté à un spectacle bien lamentable, *vidi res lacrymabiles* (1), et l'historien devra tremper sa plume dans les larmes pour raconter ces épisodes sanglants :

> . . . . . . *Quis, talia fando*
> *Temperet a lacrymis ?* (2)

L'étranger a sillonné en tous sens la patrie de Clovis et de Jeanne d'Arc ! Peuple de Reims, nous avons vu flotter en vainqueur dans nos murs l'étendard des vaincus de Tolbiac, et le palais des successeurs de saint Remi est devenu le palais du monarque triomphant ! Mais ce n'était pas assez de tant de honte ; il

(1) Salvien, *De Gub. Dei*, l. vi. xii.
(2) Virgile, *Enéide*.

fallait que votre justice passât, ô mon Dieu, et l'univers étonné a pu voir, pendant deux longs mois, les citoyens d'une même nation, les enfants d'une même famille, comme de nouveaux Caïns, s'égorger au nom de la fraternité ; et cela, dans la patrie de saint Vincent de Paul ! Oui, mon Dieu, nous avons vu ces choses, et la mort nous a épargnés ! Et aujourd'hui, la voix des plus graves se fait entendre pour proclamer que tout est fini, que l'heure de l'abandon a sonné ! et les meilleurs se prennent à pleurer, en méditant cette parole qui est bien de vous : « *Tout royaume divisé périra.*

Non, je ne puis me faire à cette atroce pensée. Vous nous sauverez, mon Dieu. Cela ne sera pas. Vivre ainsi... pour la France, ce serait mourir. Vous nous rappellerez à notre mission. Vous remettrez en nos mains l'épée brisée de la justice et de la vérité. Oui, vous nous rendrez le sceptre de la Foi, jeté à terre par quelques enfants égarés. Nous vous en supplions par quinze siècles de fidélité, d'intelligence dans le bien, de sacrifices à la vérité. Nous vous en supplions par le sang de nos martyrs, par les mérites de nos saints, par le sang de nos otages et de nos soldats immolés. Et, s'il faut encore à votre légitime courroux des victimes, ah ! nous savons des âmes prêtes à donner en sacrifice ce que vous leur avez compté de jours et d'années.

Encore une fois, faites cela au plus tôt, ô mon Dieu. Rendez-nous notre antique dévouement à la patrie et à l'Eglise, notre antique amour de la France et de Jésus-Christ. Qu'il redevienne évident pour tous que nous sommes les enfants des saints, une race choisie; que le nom français soit encore dans la suite des âges un grand nom, *grande nomen* (1).

Comme au jour de 496, nous sommes ici plus de trois mille enfants de la France. Nous nous jetons à vos genoux, nous vous en supplions avec larmes. Nous ne voulons pas nous séparer sans renouveler le serment de nos pères, ce vieux cri national :

« Dieu de Tolbiac, je crois en toi ! »

(1) Tertullien.

On m'a demandé de faire, avant de descendre de cette chaire, un appel à votre charité si connue en faveur des familles pauvres de Saint-Remi, secourues par la Société de Saint-Vincent-de-Paul. Je n'ai pu décliner un tel honneur. Il me mettait à même de payer ma dette de reconnaissance à une association dont je connais tout le dévouement, et au sein de laquelle j'ai appris autrefois à vénérer les pauvres. Aussi bien, j'estime l'un des plus grands jours d'une âme sacerdotale, celui où elle a été désignée pour être l'avocate des déshérités de la fortune ; de ceux qui retracent si fidèlement par leurs privations et leurs misères la vie souffrante de Notre-Seigneur Jésus-Christ.

Donc, c'est un cri de détresse que je viens jeter au milieu de vous. Au fort de la mêlée, alors que le sort du combat est indécis et que les bataillons fléchissent, le général envoie un de ses soldats avertir la réserve qu'il est grand temps qu'elle donne. Mes Frères, vous êtes cette réserve, qui fait toute notre espérance ; et je suis, si vous le voulez, cet envoyé, échappé un instant des ardeurs pénibles de la lutte ; et je viens, avec toute l'énergie de mon âme et la sincérité de mon cœur, vous crier : « *Au secours !* »

Je pourrais vous tracer des misères qui gémissent à deux pas de nous, un tableau dont vous seriez épouvantés. Je n'aurais qu'à ouvrir devant vous l'un de ces réduits où chaque jour le devoir nous appelle, sur cette paroisse pauvre ; et vous comprendriez qu'il y a dans l'humanité de pauvres frères bien à plaindre ! Ne seriez-vous pas émus en présence de cet honnête vieillard, qui, après avoir travaillé sans trève ni repos durant soixante ans de sa vie, près des trois quarts d'un siècle, n'a pas même pu se mettre en réserve l'obole qui lui assure le pain quotidien aux jours de la vieillesse et des infirmités ? Ne seriez-vous pas attendri jusqu'aux larmes à la vue de ce courageux père de famille qui n'a que le travail de ses deux bras pour nourrir huit petites créatures et une femme malade ? Et vous comprendriez ce qu'il y a de navrant pour le cœur d'un père, pour les entrailles d'une mère dans ce cri d'un pauvre petit innocent : « Ma mère, du pain, » dans ce cri déchirant : « J'ai faim, » s'échappant d'une poitrine qu'on a enfantée ! Et vous vous diriez que le vrai courage n'est pas, peut-être, cette furie d'un instant qui se déploie dans l'enivrement de la poudre ou d'une fanfare guerrière !

Je ne veux pas, Mes Frères, vous attrister par ce spectacle. J'ai une plus grande confiance dans la vaillance de vos cœurs. Vous savez quelles calamités pèsent sur les affaires depuis la dernière guerre. Vous savez l'inexorable augmentation du prix de toutes choses. Ajoutez à cela la diminution des salaires, de fréquents arrêts dans le travail, et ne vous étonnez pas, si je viens à cette heure vous tendre la main pour des vieillards qui meurent de froid et de faim, pour de pauvres mères qui sentent le lait se tarir dans leur sein, pour de petits enfants qui s'étiolent de besoin Mères chrétiennes, vous m'entendez. Ce que je dis-là n'est que trop la vérité.

Donc, vous donnerez. Ah ! rappeler à la vie une seule créature du bon Dieu, quelle sublime action ! quelle sainte et grande œuvre ! Cette œuvre, il est en votre pouvoir de l'accomplir. Oui, là est votre devoir. Donnez, donnez beaucoup, les besoins sont immenses; je dirais volontiers qu'il y a péril en la demeure. Donnez sans compter. Que la main droite ne sache ce qu'a donné la main gauche que pour accomplir elle aussi son œuvre de charité et de salut.

Il est dit dans la vie de notre grand Apôtre saint Remi qu'il ne sortait jamais qu'accompagné d'un clerc portant une bourse pleine, et chargé d'en distribuer le contenu aux pauvres. Sachons du moins nous montrer dignes de notre saint aïeul. Pauvres qui êtes ici, versez, vous aussi, votre obole en passant tout à l'heure près des personnes dévouées qui consentent à se faire mendiantes aujourd'hui. Renouvelez pour nous cette joie si grande, cet attendrissement si profond que nous ressentons, quand, à travers les rues de notre cité, au sortir de vos ateliers, nous vous voyons déposer dans la main de l'infirme votre denier. Apportez à votre conscience ce suprême honneur de pouvoir se dire, au soir de ce jour, qu'il n'aura pas été entièrement perdu pour le bien. Et vous, Mes Frères, que Dieu a plus particulièrement favorisés des dons de la fortune; vous, dont la vie s'écoule calme et tranquille à l'abri de la pauvreté, sachez que vous êtes sur la terre les dispensateurs des biens de la Providence, et qu'il vous appartient d'en redresser les injustices apparentes et les inégalités. Donnez jusqu'au sacrifice, Dieu vous en supplie; et si vous êtes venus ici avec l'intention de donner quelque peu seulement; si vous êtes venus à ce rendez-vous de la charité insuffisamment munis d'argent... Ah! j'aperçois à vos doigts, je vois briller à vos oreilles des bijoux, qui, transformés, rendraient la santé, la force et la vie à des centaines de pauvres ou de malades. Faites-en aujourd'hui le sacrifice aux pieds des autels de Jésus-Christ souffrant, qui vous le demande. Faites-en le sacrifice, je le répète, Mesdames. Que demain, sentant vos doigts nus, vous puissiez vous dire « c'est qu'hier j'ai sauvé une âme. » Faites cela, oui, faites-le sans crainte, et ayez confiance que vos maris, fiers d'avoir à leurs côtés des compagnes à l'âme si noble, au cœur si généreux, loin de vous blâmer, vous dédommageront avec amour.

Faites ce sacrifice. Accomplissez-le avec générosité pour attirer la clémence de Dieu sur vos époux, sur vos pères, vos mères, sur vos enfants bien-aimés. Encore une fois, faites-le courageusement; et un jour, au jour des éternelles sentences, quand aura lieu devant le Souverain Juge le grand défilé des âmes, vous serez dans une tranquille assurance. Des voix s'élèveront au-dessus de la foule qui s'écrieront : « Mon Père, cette âme a eu pitié de moi. » Ce sera la voix reconnaissante des pauvres que vous aurez secourus sur la terre. Et Dieu, le Dieu juste et bon, touché de ce témoignage, vous pressera sur son sein, et il vous dira : « Viens, mon enfant, viens jouir près de moi des jouissances célestes ; viens ici avec les âmes de choix, puisque, comme mon fils Jésus, tu as su passer sur la terre en faisant le bien. *Pertransiit benefaciendo.* »

Ainsi soit-il.